LA LOI DE L'ATTRACTION

LMH

TABLE DES MATIÈRES

INTRODUCTION

Si vous avez acheté ce livre, c'est probablement parce que la première fois que vous avez entendu parler de la Loi de l'attraction, quelque chose a résonné en vous. Cela a en tout cas été le cas pour moi. Ensuite, la raison nous rattrape au collet et nous ne pouvons nous empêcher de penser que « Tout cela est trop beau pour être vrai. »

Peut-être est-ce votre cas en ce moment ? J'ai découvert qu'osciller entre envie d'y croire et peur de me sentir floué était une des attitudes les plus communes face à la Loi de l'attraction et à la multitude de livres qui traitent du sujet. Tout se passe comme si, une fois ce principe découvert, nous passions notre temps à nous documenter sur le sujet, encore et encore. Au point de nous noyer complètement dans le sujet et de ne plus savoir par quel bout commencer.

En d'autres mots, vous brûlez de vous y mettre, mais

quelque chose continue de vous retenir, sans que vous parveniez à savoir de quoi il s'agit. J'ai écrit ce petit livre afin de donner accès à la Loi de l'attraction à partir d'un angle pratique. Et si nous nous décidons à nous engager dans cette voie, un petit guide papier sous forme de journal intime, le « Carnet », se propose de vous accompagner au cours d'un petit challenge de vingt-et-un jours de manifestation. En soi, le « Carnet » comporte tout ce dont vous avez besoin pour mettre en oeuvre et à profit la Loi de l'attraction. Si j'ai choisi d'écrire ce livre-ci, c'est pour développer certains points qui auraient pris trop de place dans le « Carnet. » Maintenant ces précisions faites, que diriez-vous de nous lancer ?

PARTIE I
L'ÉLÉMENT ESSENTIEL

CHAPITRE 1

LE GRAND « SECRET » À CÔTÉ DUQUEL NOUS PASSONS CONTINUELLEMENT

La logique qui sous-tend la Loi de l'attraction est très simple :

Vos pensées influent sur la réalité qui vous entoure. Et les « choses » semblables s'attirent.

Le fait est que ce point est aujourd'hui prouvé par les travaux de nombreux chercheurs en psychologie. Tout le courant de psychologie positive, initié par Tal Ben Shahar, s'appuie sur le fait que nos pensées influent sur notre façon de voir le monde et notre comportement. Inutile d'être un chercheur en psychologie sociale pour s'en rendre compte : si vous êtes amoureux, le monde vous semble tout à coup plus beau ; si vous souriez à quelqu'un quand vous vous adressez à lui, vous avez plus de chance qu'il se montre aimable envers vous que si vous êtes de mauvaise humeur et l'agressez verbalement.

. . .

Et ce que démontre la psychologie positive, c'est que votre **attitude** est la condition *sine qua non* de la qualité de vos résultats : réussite ou échec. Pour faire court et simple, disons que chacun de nous crée son paradis ou son enfer.

Il est possible que jusqu'à présent vous ayez eu l'impression que la Loi de l'attraction était une série de « trucs » et de « techniques », comme formuler ses objectifs, avoir des pensées positives, visualisez... J'ai longtemps cru cela. D'autant plus que de nombreux livres très intéressants et pertinents sur le sujet expliquent la Loi de l'attraction en s'appuyant sur les thèses avancées par les recherches en physique quantique. Mais s'arrêter là, c'est s'arrêter en réalité à mi-chemin. Nous ne récoltons que des résultats incertains et, implicitement, nous sentons qu'il nous « manque » une des pièces du puzzle. La vérité, c'est que cette intuition est fondée. Si nous envisageons la Loi de l'attraction comme étant une sorte de loi physique à l'oeuvre dans le monde, nous passons à côté d'un petit détail qui a pourtant toute son importance : la Loi de l'attraction est aussi à l'oeuvre à l'intérieur de nous. Les pensées, les formulations d'objectifs, la visualisation sont une partie de la réponse et à eux seuls, ils ne suffisent pas. Pour utiliser la Loi de l'attraction à sa pleine puissance et rendre ces techniques effectives, vous devez « habiter » la Loi de l'attraction, la vivre. Et cela, ça passe par votre **attitude**.

La clé que vous recherchez dans tous les livres qui traitent du sujet et de développement personnel, c'est **l'attitude**. C'est elle qui fait la différence entre ceux qui parviennent à mettre en oeuvre la Loi de l'attraction et ceux qui ont l'impression de passer à côté. Quand les auteurs vous parlent de vos pensées, de la visualisation, du fait d'utiliser vos émotions, ils ont raison. Mais ils exposent la solution par ses conséquences visibles et non par sa cause première. Je m'explique. Notre attitude influe sur nos pensées, nos comportements, notre vocabulaire et aussi... nos émotions. Quand les auteurs nous disent de croire que votre objectif est déjà réalisé, en réalité, ils parlent de notre attitude. Parce que tout simplement notre attitude va générer un effet positif sur nous et donc notre comportement et nos pensées. Et par extension, elle va avoir un effet sur les autres et la façon dont notre environnement s'organise, ce qui, en très peu de temps (parfois une journée), va donner lieu... à des coïncidences heureuses appelées « synchronicité. »

. . .

La bonne nouvelle, c'est que vous pouvez changer d'attitude assez facilement grâce à un outil psychologique très simple utilisé en psychologie sportive : « faire comme si. »

CHAPITRE 2
FAIRE « COMME SI »

Chercher à agir directement sur nos émotions, nos pensées ou notre comportement peut s'avérer très dur. Pourquoi ? Parce que, rien à faire, malgré toutes vos tentatives, le naturel revient au galop. Je vais être honnête : si je suis dans une mauvaise passe et stressé, j'ai beaucoup de mal à être optimiste et détendu. C'est pourquoi nos tentatives pour appliquer la Loi de l'attraction en nous forçant à changer nos pensées ne suffisent pas. En réalité, vous devez remonter bien plus haut, jusqu'au noyau de votre être qui va influer sur vos pensées et comportements : votre **attitude**. J'insiste sur ce point, car notre **attitude** détermine nos pensées, paroles et comportements. Et non l'inverse.

Travailler à changer votre attitude sera bien plus efficace que de travailler à changer vos comportements ou vos pensées. L'attitude, c'est le noyau dur, l'origine, la source.

Que dois-je faire alors pour changer mon attitude ?

Vous devez faire « comme si. » Si je suis stressé, je décide de faire « comme si » j'étais détendu. Je fais semblant. Il ne s'agit pas de nous forcer à penser en boucle « Je suis détendu », mais à vivre cet état. Au début, vous aurez l'impression de jouer la comédie. Mais la magie agira vite. Et je suis prêt à parier que vous croirez rapidement que oui, vous êtes détendu.

Notre cerveau déteste l'incohérence. Lui imposer une nouvelle attitude va le forcer à adapter sa vision des choses : il va prendre votre attitude pour argent comptant. Nous serons plus détendus, car en agissant « comme si » nous l'étions non seulement notre cerveau va le croire, mais notre entourage aussi.

Vous pouvez essayer cela dès maintenant. Qui souhaitez-vous être ? Quelqu'un de confiant ? Quelqu'un d'optimiste ? Répéter devant votre miroir « Je suis optimiste » ou « J'ai confiance en moi » est une technique qui, utilisée seule, est inefficace. Elle revient à mettre un pansement sur une jambe en bois. De même, se borner à seulement vous visualiser ayant confiance en vous peut avoir des effets plutôt limités. Et je sais que vous voyez de quoi je parle. À une époque, visualiser une scène aussi « simple » que de réussir un entretien d'embauche finissait par me mettre une pression monstre et à me paralyser. Et malgré mon objectif positif inscrit avec sa date limite et mes affirmations, je n'arrivais pas à opérer le petit rien qui me permettrait de croire vraiment à ma réussite. Et cela est finalement logique, puisque la *foi*, la *croyance*, est une des clés maîtresses répétées à l'envi par tous les auteurs. Mais s'il est facile pour certains de croire, il n'en va pas forcément toujours de même pour nous. Et la croyance, c'est comme le reste : on ne peut pas se forcer à « croire. » Pour cela, nous devons agir en amont et le raccourcit le plus efficace, c'est d'agir directement sur notre attitude. Vos croyances dépendent de votre attitude. Si, à l'époque, j'avais décidé d'aborder mon entretien d'embauche « comme si » j'avais confiance en moi, même si intérieurement j'étais mort de peur, il y aurait eu un moment de forcement intérieur qui aurait rapidement cédé. C'est pourquoi il est recommandé de s'y prendre au moins quelques jours à l'avance. Si la semaine ou les quelques jours qui précèdent une journée importante pour nous, nous décidons de « faire comme si » notre réussite était inévitable, « comme si » nous étions enthousiastes et impatients, « comme si » nous étions contents d'être là... il y a de fortes chances pour que vos pensées, vos paroles, vos comportements, vos émotions, mais aussi votre *foi* dans la réalisation de votre objectif change de manière radicale. C'est de cela que parlent tous les livres que vous avez lus jusqu'ici quand ils vous disent de vous penser et d'agir en partant du principe que votre résultat était sûr et atteint. Si vous ne faites qu'essayer cela tout en conservant votre attitude d'échec, non seulement vous risquez d'échouer ou de laisser passer votre chance, mais en plus vous allez vous sentir émotionnellement en porte-à-faux. C'est ce qui se produisait lorsque, utilisant les principes de la Loi de l'attraction sans réellement les vivre, j'avais juste l'impression de me « mettre la pression. » Pire : je culpabilisais d'avoir malgré moi des pensées négatives. En réalité, la Loi de l'attraction agit comme si notre attitude déterminait notre « altitude » de réussite.

CHAPITRE 3
SYNCHRONICITÉS : LES CONSÉQUENCES DIRECTES DE NOTRE ATTITUDE

Les synchronicités, ce sont des coïncidences heureuses qui surviennent dans notre vie « comme par magie. » La psychologie avance des thèses qui expliquent en soi ce phénomène, par exemple par « l'attention dirigée. » L'attention dirigée, c'est ce qui se produit lorsque vous souhaitez acheter une voiture rouge et que du coup, partout vous ne voyez plus que des voitures rouges. Comme si tout le monde venait d'en acheter une.

Il en va de même pour « les biais cognitifs » qui montrent que nous avons tendance à voir les choses telles qu'elles nous ont été présentées. Autrement dit, vous renforcez sans le savoir votre première impression.

Une synchronicité peut s'expliquer par ce principe de « l'attention dirigée » ou par celui du « biais cognitif. » Mais s'arrêter là serait se contenter d'une vision très partielle de ce qui génère ou non une synchronicité. Car là où l'attention dirigée ou l'effet du biais cognitif vous font « voir » une synchronicité que, en tant normal, vous n'auriez même pas remarqué, le changement de votre attitude les **crée**. Oui, c'est aussi simple que cela. Si je me comporte comme si j'étais impatient et enthousiaste de passer un moment avec des amis, je vais créer une tout autre dynamique relationnelle que si je décidais de me comporter « comme si » j'étais le dernier des salauds. À nouveau, rien de magique à ce sujet, et pourtant si nous adoptons la bonne attitude, celle-ci va nous offrir des coïncidences inespérées qui vont nous permettre d'avancer.

Faites l'expérience par vous-même : prenez un jour où vous vous levez de mauvaise humeur. Et choisissez de « faire comme si » vous étiez de bonne humeur. Les premières minutes, il faut se forcer un petit peu. Mais en tenant bon, en se forçant à sourire et à se comporter « comme si » nous étions effectivement heureux d'être là, d'être nous et d'être impatients de commencer la journée, il y a de fortes chances pour qu'au final, nous passions une bonne journée. Dès lors, réfléchissez. Si vous abordez une réunion ou un rendez-vous avec l'attitude de quelqu'un de confiant, en faisant « comme si » vous étiez sûr de vous, détendu et heureux d'être là, est-ce que vous ne pensez pas que tout se déroulera bien mieux que si vous vous présentez à votre réunion en essayant de « ne pas montrer » que vous êtes stressé

? J'espère que la différence entre les deux est claire. Si nous essayons de cacher un comportement, un sentiment ou un complexe, notre attitude ne sera pas forte, mais réactive, effacée, hésitante. C'est ce qui se produit quand vous vous contentez de répéter des affirmations sans modifier votre attitude. Si j'ai l'attitude d'un perdant, je vais me comporter comme un perdant, même si je me répète en boucle « Je réussis tout ce que j'entreprends. » Autrement dit, pour ne plus subir notre vie et ses aléas, nous devons commencer par changer notre attitude et à faire « comme si » nous étions bel et bien la personne que nous souhaitons être.

Cela peut vous sembler naïf, et pourtant c'est loin de l'être. De nombreux philosophes ont constaté le fait que l'attitude que nous choisissons (car il s'agit bien d'un choix) va, à terme, faire de vous cette personne. C'est ce que disent les auteurs de développement personnel lorsqu'ils vous répètent que vous finissez par être ce que vous pensez. À nouveau, je vous invite à remonter jusqu'à l'origine même de vos pensées afin de pouvoir agir sur elles à la racine. Et en modifiant notre façon d'être, nous allons interagir différemment avec les autres, nous allons aussi nous comporter différemment quand quelque chose se produit. Si vous décidez de « faire comme si » vous étiez quelqu'un de sympathique, il y a plus de chance pour que vous parliez gentiment à cette personne qui vous adresse la parole dans le bus ou dans la file du supermarché et que vous voyez alors se présenter une occasion ou une opportunité. Peut-être que cet inconnu a justement quelqu'un dans son entourage qui cherche à donner des billets pour le concert qui affiche complet et auquel vous vouliez assister ? Si vous étiez resté ronchon et désagréable, jamais il ne vous en aurait parlé. Et c'est ce que montrent les recherches en psychologie positive : mon bonheur ne dépend pas de ma réussite, mais ma réussite dépend directement de mon degré de bonheur. Autrement dit, faites comme si vous étiez heureux et le monde vous sourira.

Si vous comprenez cela, la Loi de l'attraction n'aura plus aucun secret pour vous. Je vous invite d'ailleurs à lire ou (re)lire les livres qui traitent de la Loi de l'attraction en ayant en tête que la clé de tout, c'est tout simplement notre attitude.

PARTIE II
LES ÉTAPES D'UNE MANIFESTATION

La manifestation obéit à notre attitude. C'est la chose à retenir de ce livre et pour tout ce qui concerne la Loi de l'attraction.

Mais que faire quand on a du mal à mettre cela en oeuvre ?

Le mieux est de décomposer l'acte de manifestation en 3 phases :

1 — La phase du désir

2 — La phase de l'activation

3 — La phase de la confiance

Ces trois phases sont expliquées ici pour que vous les compreniez, mais en réalité, elles peuvent se succéder en quelques secondes, voire exister conjointement. Manifester peut être un acte immédiat. Le temps que prend une manifestation n'est que celui que nous lui donnons, par nos croyances ou nos blocages.

1 — LA PHASE DU DÉSIR.

La première « étape » du processus de manifestation, c'est de savoir ce que nous souhaitons manifester. D'une part, si nous savons ce que nous voulons, nous avons une direction d'action ; mais aussi nous évitons de réagir aux désirs des autres. Autrement dit, si nous ne choisissons pas pour nous, nous pouvons être sûrs que tôt ou tard, « on » choisira pour nous.

1. Aussi, demandez-vous quel est votre désir ? Que souhaitez-VOUS ? Et ici, nous parlons bien de « vous », et non de ce que d'autres souhaitent que vous fassiez ou soyez.

2. Ensuite, demandez-vous si vous êtes en accord avec votre désir ou si celui-ci vous semble contraire ou problématique ? Autrement dit, avez-vous des croyances limitantes ou négatives vis-à-vis de votre objectif ?

Si oui, vous devrez reprogrammer votre inconscient, grâce à différentes techniques comme :

- la méditation
- les affirmations

- la visualisation
- les messages subliminaux

vis-à-vis de vos croyances limitantes ou de vos blocages. Inutile de suivre une psychanalyse pour découvrir l'origine de vos complexes. Le plus important ici est de revoir votre copie et de vous autoriser à réaliser votre rêve.

Tant que vous éprouvez un malaise, de la peur ou un doute quant à la réalisation de votre désir, le processus de manifestation s'en trouvera bloqué.

3. Toujours concernant le choix de votre objectif, soyez honnête vis-à-vis de vous-même. Cela signifie que vous devez choisir votre objectif tel que vous le souhaitez réellement, sans le biaiser parce que vous vous sentez ridicule ou que vous avez peur d'être jugé s'il se réalise.

4. Choisissez un objectif qui VOUS concerne. En d'autres mots, inutile d'inclure d'autres personnes dans votre désir. Autrement dit, ouvrez toujours la porte à la manifestation pour vous offrir quelque chose d'équivalent. Ainsi, si vous désirez une maison précise, demandez-la tout en autorisant qu'une maison similaire ou mieux se manifeste à vous.

Cela vaut aussi pour les désirs d'ordre sentimentaux. Demandez l'amour et une relation saine et épanouie avec quelqu'un fait pour vous plutôt qu'avec une personne bien précise.

5. Votre désir ne doit pas heurter votre morale. Cela va de soi, mais il est important de préciser que tout désir qui va à l'encontre des lois ou de votre sens moral risque de rester coincé à votre niveau à cause du conflit intérieur que vous allez ressentir. Inconsciemment, vous ne vous autoriserez pas à cette réalisation (ou, si elle est néfaste, elle se retournera contre vous, car l'Univers, la Nature ou la Force — peu importe le nom que vous lui donnez — ne fait pas la différence entre le bien et le mal. Vous obtenez ce que vous pensez, d'où l'adage connu « Faites attention à ce que vous souhaitez »).

6. Ne donnez pas de directives à la manifestation de votre désir. Autrement dit, acceptez que la réalisation de votre objectif ne soit pas sous votre contrôle. Et c'en est là toute la beauté : vous demandez, vous adoptez l'attitude et l'univers comble les vides à sa façon. Et vous inquiétez de cette façon n'est absolument ni votre affaire ni votre job.

2 — LA PHASE DE L'ACTIVATION.

Maintenant que vous savez ce que vous voulez, il est temps de l'expliquer à votre inconscient. Pour cela, vous allez devoir l'impressionner et pour cela, vous pouvez recourir à différentes techniques, comme :

1. Les affirmations.

Écrivez votre objectif de façon claire, avec une tournure positive, des mots « chocs » et en utilisant le présent ou le passé (« Maintenant, j'ai... », « J'ai réussi... »). Et si possible dites ce que vous ressentez ou mettez en scène votre objectif réalisé (« J'aime me réveiller chaque matin dans ma nouvelle maison... »).

Cette affirmation peut être utilisée chaque jour si besoin. Elle peut être écrite, répétée, chantée...

2. Écrire une histoire.

Cette fois, vous écrivez votre journée idéale qui dépeint la réalisation de votre désir. Vous le faites en fin de journée, au passé.

3. La visualisation

Vous vous imaginez alors que votre désir est réalisé. Vous le faites avec émotion, mais... sans en faire trop. Comprenez bien, recevoir la nouvelle voiture dont vous avez besoin ne doit pas vous sembler « incroyable » ou « inespéré », cela ne ferait qu'accentuer le fait qu'actuellement elle vous manque et donc... vous allez la repousser.

Au contraire, imaginez-vous un petit laps de temps après l'avoir reçue, quand l'effet de la nouveauté est devenu une habitude, que (presque) vous êtes habitué à la voir. Soyez heureux qu'elle soit là, tout en trouvant normal qu'elle fasse partie de votre vie.

4. Les messages subliminaux.

Il existe des logiciels ou des applications vous permettant de personnaliser des messages subliminaux écrits ou visuels. Ceux-ci « flashent » votre inconscient et le marquent sans que votre conscient puisse les rejeter.

Il existe aussi quelques enregistrements ou livres audios comprenant des messages subliminaux, mais il est difficile d'en trouver de bonne qualité et la grande majorité est en anglais (ce qui, si vous comprenez l'anglais n'est pas en soi un problème, mais peut au contraire se montrer un avantage, car une langue étrangère court-circuitera d'autant plus vite votre conscient).

5. Les tableaux ou vision-board

Vous créez par un collage ou via une application une ou plusieurs images illustrant la réalisation de votre objectif.

6. La création d'un symbole

Vous pouvez créer un symbole qui représente votre objectif. À nouveau, pas de règle : utilisez ce qui vous parle et vous inspire, c'est ce qui marchera pour vous.

7. La prière. À nouveau, prononcer son désir sous la forme d'une prière ou d'un rituel peut fortement impressionner votre inconscient.

QUAND UTILISER CES TECHNIQUES ?

Le but de ces procédés est d'expliquer à votre inconscient ce que vous souhaitez. Pour que ce message puisse passer à travers les barrières érigées par votre conscient, vous devez ruser et mettre votre esprit dans un état de réceptivité, par exemple en faisant le vide dans votre esprit.

Voici différentes techniques de vide mental à même de vous permettre d'utiliser ensuite affirmation, visualisation, etc.

1. Au réveil et au moment d'aller dormir.
2. Après ou au court d'une méditation.
3. Juste après un effort intense.
4. Alors que vous écoutez une musique émouvante ou inspirante.
5. Après avoir ressenti une vague d'émotion positive (utiliser le souvenir d'un moment fort ou regarder un film inspirant peut suffire).
6. Danser.
7. Chanter.
8. Prier.
9. Utiliser une voie subliminale.

Ceci est un ensemble de suggestions, vous êtes libre de choisir celles qui parlent à votre sensibilité et d'écarter les autres.

3 — LA PHASE DE LA CONFIANCE

Il s'agit maintenant de faire confiance au processus, d'avoir la foi. De laisser les choses se faire en lâchant prise soi-même. Et pour cela, acceptez de déjà devenir votre nouveau « moi », celui dont le souhait est réalisé et pensez, agissez, respirez, bougez, dormez « comme si » votre désir était réalisé. D'ailleurs, je rappelle que le recours à l'attitude seule suffit à faire se manifester ce que nous désirons. Le processus et les techniques décrites plus haut servent, je le rappelle, à ceux qui ont difficile à passer directement à l'adoption d'une nouvelle attitude.

Les affirmations, la visualisation, les tableaux... servent à détruire vos doutes, à renforcer votre conviction et à convaincre votre inconscient. L'attitude fait tout cela, c'est pourquoi nous la retrouvons ici.

Confiance signifie aussi de ne pas s'interroger, ne pas douter ni se demander « quand. » Si vous doutez, questionnez ou ressentez du manque, c'est ce que vous allez manifester. Si c'est le cas, court-circuitez votre conscient et revenez à la phase 2 afin de changer ou renforcer vos croyances.

CONCLUSION

Nous voici arrivés au terme de ce livret. N'hésitez pas à le partager et à le prêter.

Et si vous souhaitez poursuivre un peu plus loin notre collaboration, je vous propose le *Carnet. Journal de manifestation. Mise en pratique de la loi de l'attraction.* Cet un petit livre pratique qui se propose de vous accompagner pendant vingt-et-un jours. Il existe dans différents modèles (poche ou grand format) et avec différentes couvertures.

Et si ce livre vous a apporté quelque chose, n'hésitez pas à laisser un commentaire à son sujet, il aidera d'autres personnes à le découvrir et, qui sait, peut-être changera-t-il aussi un peu leur vie ? Je me plais en tout cas à le penser, car je reste convaincu que si nous voulons changer ce monde, nous devons commencer par être la meilleure version de nous-mêmes. Et ce, dès maintenant.

DU MÊME AUTEUR

CARNET: JOURNAL DE MANIFESTATION. MISE EN PRATIQUE DE LA LOI DE L'ATTRACTION

Beaucoup d'entre nous sont attirés ou du moins intrigués par cette loi. Certains (et vous en faites peut-être partie) sont comme je l'ai été : l'idée que nous puissions avoir le contrôle de notre vie nous séduit, mais nous n'y croyons pas vraiment. Et notre expérience quotidienne confirme bien souvent cette impression. La plupart du temps, vous vous retrouvez à réagir aux événements. J'ai été comme cela. Je ne comprenais pas que la plupart des choses qui m'arrivaient survenaient en réalité à cause de moi, de mon attitude ou d'une chose que j'avais dite ou faite auparavant. Or tout ce que nous faisons la majeure partie du temps n'est que le fruit de notre attitude, de notre confiance en nous, de notre façon de percevoir les autres ou de comprendre le monde qui nous entoure.

Cette vision partielle ou biaisée de la réalité est un phénomène connu et étudié en psychologie. Je ne m'étendrai pas sur ce sujet car je souhaite que ce carnet reste pratique et compact. Et si vous souhaitez de votre côté approfondir ce sujet, je vous invite à lire quelques livres (même vulgarisés) de psychologie positive, sociale ou transactionnelle. De nombreuses expériences ont montré à quel point notre état d'esprit influence notre comportement, notre manière de nous tenir ou les mots que nous utilisons. Et comme cela est parfois bien plus fort que nous et que cela nous empêche de mettre en pratique de façon positive les principes qui sous-tendent la loi de l'attraction, ce carnet est là pour vous accompagner au cours des trois prochaines semaines.

Vingt-et-un jours étant le laps de temps estimé qui, d'après certaines études, permet d'adopter une nouvelle habitude.

Vingt-et-un jours, c'est aussi une période suffisamment courte, ce qui permettra à certains de retrousser leurs manches pour « seulement » trois semaines et de mettre enfin en oeuvre les principes qu'ils ont lus et relus sans jamais vraiment les utiliser.

Enfin, vingt-et-un jours, c'est amplement suffisant pour que vous commenciez à avoir des résultats et pour constater que votre vie aura commencé à prendre un autre chemin que celui dans lequel vous vous enlisiez.

Ce carnet existe en 2 formats différents et avec 2 couvertures différentes.

CE QU'ILS EN DISENT

> Surprise en ouvrant mon colis ! Je pensais que c'était un livre de développement personnel, avec des conseils etc...
>
> En fait c'est un livre d'exercices à remplir chaque jour pendant trois semaines.
>
> Après ça, notre rêve devrait être devenu réalité !
>
> Mise en page sympa, le petit carnet a une jolie couverture, il y a de la place pour le remplir (pour ceux, comme moi, qui écrivent grand).
>
> Prix très sympa, j'espère une bonne surprise dans quelques jours :-D
>
> — PINK REBEL, CLIENTE SUR AMAZON

DU MÊME AUTEUR

AFFIRMATIONS, GUIDANCES POSITIVES ET PRIÈRES: AUGMENTEZ VOTRE FRÉQUENCE DE VIBRATION POUR UTILISER LA LOI DE L'ATTRACTION

Si ce livre existe aujourd'hui, c'est parce que je souhaitais depuis longtemps trouver un livre d'affirmations et de prières relatives à la Loi de l'attraction, mais sans succès. Souvent, nous retrouvons jusqu'à la nausée les mêmes formulations de livre en livre, au point que sous leur stéréotype, elles semblent vide de sens... et donc de puissance. Je sus alors qu'il me restait alors à écrire ce livre qui me manquait et à le partager autour de moi. Surtout que je reste convaincu que « la parole » peut, par des mots imagés et des métaphores fortes, impressionner notre subconscient et nous offrir ainsi les clés d'une manifestation saine et confiante.

C'est ce travail et cette philosophie qui ont inspiré cet ouvrage. J'y ai réuni les affirmations et les prières que j'ai trouvé être les plus puissantes.

CE QU'ILS EN DISENT

Top

Facile à lire,

Commencer par ce livre est le top, les prières et explications sont bien. Il y a même des pages pour nos propres notes.

Moi je recommande.

— PRISSY, CLIENTE SUR AMAZON

Printed by Amazon Italia Logistica S.r.l.
Torrazza Piemonte (TO), Italy

20118827R00025